Alabama-Song

aus „Aufstieg und Fall der Stadt Mahagonny"

Universal Edition UE 34 325a

Polly's Lied
aus „Die Dreigroschenoper"

Kurt Weill
arr. Martin Reiter

UE 34 325a

Die Moritat von Mackie Messer

aus „Die Dreigroschenoper"

Kurt Weill
arr. Martin Reiter

UE 34 325a

Liebeslied

aus „Die Dreigroschenoper"

Kurt Weill
arr. Martin Reiter

UE 34 325a

Zuhälterballade

aus „Die Dreigroschenoper"

Kurt Weill
arr. Martin Reiter

UE 34 325a

Das Lied vom Branntweinhändler

aus „Happy End"

Kurt Weill
arr. Martin Reiter

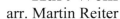

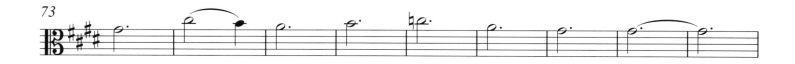

UE 34 325a

13

UE 34 325a

Barbarasong
aus „Die Dreigroschenoper"

Kurt Weill
arr. Martin Reiter

UE 34 325a

Fürchte dich nicht

aus „Happy End"

Kurt Weill
arr. Martin Reiter

UE 34 325a

Lied der Jenny

aus „Aufstieg und Fall der Stadt Mahagonny"

Kurt Weill
arr. Martin Reiter

UE 34 325a

In der Jugend gold'nem Schimmer

aus „Happy End"

Kurt Weill
Arr. Martin Reiter

UE 34 325a

Inhalt • Contents • Table des matières

UE
Universal Edition

Universal

Kurt Weill Songs

for viola and piano

arranged by Martin Reiter

www.**u**niversal**e**dition.com

vienna · london · new york

UE 34 325

ISMN 979-0-008-08447-8
UPC 8-03452-06826-6
ISBN 978-3-7024-7115-6

Impressum

Lektorat: Christina Meglitsch-Kopacek / Christian Löbisch
Coverdesign: Lynette Williamson
Foto Martin Reiter: Nadine Bargad
Foto Mario Gheorghiu: lichtwertig

Martin Reiter – Klavier, Mario Gheorghiu – Viola
Aufnahme, Mix und Mastering: Thomas Lang
CD Herstellung: kdg mediatech AG, Elbigenalp

Inhalt • Contents • Table des matières

Vorwort

Aus meiner Sicht als Jazzmusiker ist Kurt Weill vor allem deswegen ein Phänomen, weil zahlreiche seiner Kompositionen durch die Interpretation weltberühmter Musiker aus dem Bereich Jazz- und Popularmusik unvergesslich gemacht wurden, wie z.B. *Alabama Song* („Well, show me the way to the next whiskey bar") von den Doors oder die Lieder *Mack the Knife, Speak Low* und *September Song*, die von vielen großen Jazzmusikern aufgeführt und auf Tonträger aufgenommen wurden.

Um diesen Umstand ins Konzept für die vorliegende Ausgabe mit einzubeziehen, wurde ein bewusster Schwerpunkt auf Interpretation und Improvisation gelegt. Die konkrete Aufgabenstellung besteht darin, die Aufnahmen der CD in Bezug auf die Spielweise der Musiker anzuhören und deren Interpretation nachzuahmen. Der Notensatz beinhaltet zwar die wichtigsten Informationen, kann aber nicht alle Nuancen in der Tongebung, Phrasierung und des Timings wiedergeben. Wann immer also Fragen auftauchen, bietet die Tonaufnahme die beste Referenz.

Bei den Passagen, die in der Solostimme mit Akkordsymbolen versehen sind, hat der Solist improvisiert. Es steht frei, seine Improvisationen nachzuspielen, ein Solo selbst zu erfinden oder die Melodie des Themas nochmals zu wiederholen. In der Klavierstimme finden sich meist Akkordsymbole, die geübten Begleitern das schnellere Erfassen des Notenmaterials ermöglichen sollen.

Mein Dank gilt Tonmeister Thomas Lang für seinen wichtigen musikalischen Input bei dieser Produktion und sämtlichen damit verbundenen Tonaufnahmen.

Martin Reiter
Wien, November 2008

Preface

From my point of view as a jazz musician, the main reason Kurt Weill is such a phenomenon is because so many of his compositions have become memorable due to their interpretation by world-famous musicians from the realms of jazz and popular music. These include *Alabama Song* ('Well, show me the way to the next whiskey bar') performed by The Doors and the songs *Mack the Knife, Speak Low* and *September Song* which have been performed and recorded by many great jazz musicians.

In order to incorporate this into the concept underlying this edition, we have consciously placed the emphasis on interpretation and improvisation. The objective is to listen to the recordings on the CD with regard to the playing styles of the musicians and to emulate their interpretations. The musical notation still contains the most important information, but cannot reflect all of the nuances in intonation, phrasing and timing. If questions arise, the recording provides the best reference.

In the passages that have chord symbols in the solo part, the soloist has improvised. You are free to copy their improvisations, find your own solo or, repeat the melodic theme. The piano part contains mostly chord symbols, which should enable a proficient accompanist to master the notation more quickly.

My thanks go to our sound engineer Thomas Lang for his significant musical contribution to this production and all related sound recordings.

Martin Reiter
Vienna, November 2008

Préface

En tant que jazzman, je pense que si la popularité de Kurt Weill est si phénoménale, c'est avant tout parce que des interprètes de musique jazz et pop connus dans le monde entier ont rendu beaucoup à ses compositions inoubliables. On peut citer *Alabama Song* repris par les Doors (« Well, show me the way to the next whiskey bar »), ou les chansons *Mack the Knife, Speak Low* et *September Song*, qui ont été interprétées et enregistrées par de nombreux grands musiciens de jazz.

Pour bien tenir compte de cet état de fait, la présente publication met conciemment l'accent sur l'interprétation et l'improvisation. Tout le travail consiste à écouter les morceaux enregistrés sur le CD pour s'imprégner du style des musiciens et s'inspirer de leur interprétation. La partition, bien qu'elle contienne les informations les plus importantes, ne peut rendre toutes les nuances d'intonation, de phrasé et de timing. En cas de doute, ce sont toujours les enregistrements qui constituent la meilleure référence.

Les passages où des symboles d'accords sont indiqués dans la partie soliste correspondent à ceux où l'interprète a improvisé. Vous pouvez, au choix, imiter son improvisation, inventer votre propre solo ou simplement répéter la mélodie du thème. Dans la partie de piano, la plupart des pièces comportent des symboles d'accords qui permettront aux accompagnateurs entraînés d'assimiler plus rapidement la partition.

Je remercie Thomas Lang, ingénieur du son, pour sa précieuse contribution musicale à ce projet et à l'ensemble des enregistrements qui y sont liés.

Martin Reiter
Vienne, novembre 2008

2

Alabama-Song

aus „Aufstieg und Fall der Stadt Mahagonny"

Kurt Weill
(1900 – 1950)
arr. Martin Reiter

♩ = 240

Universal Edition UE 34 325

5

Polly's Lied
aus „Die Dreigroschenoper"

Kurt Weill
arr. Martin Reiter

UE 34 325

Die Moritat von Mackie Messer

aus „Die Dreigroschenoper"

Kurt Weill
arr. Martin Reiter

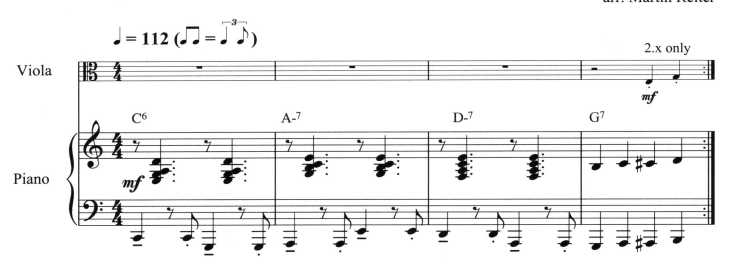

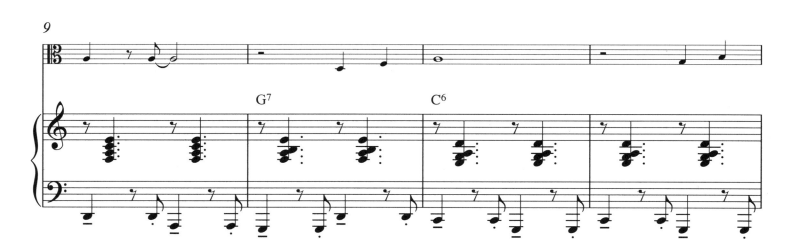

UE 34 325

Liebeslied
aus „Die Dreigroschenoper"

Kurt Weill
arr. Martin Reiter

UE 34 325

22

E

117 free rhythm, sul pont.

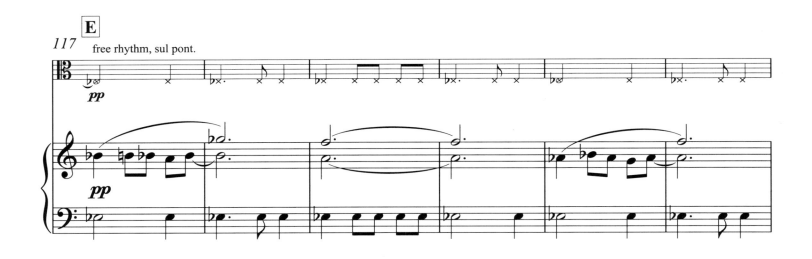

123

128   **rit.**

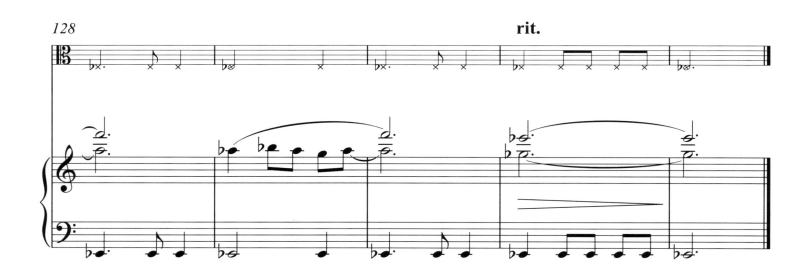

Zuhälterballade

aus „Die Dreigroschenoper“

Kurt Weill
arr. Martin Reiter

UE 34 325

Das Lied vom Branntweinhändler

aus „Happy End"

Kurt Weill
arr. Martin Reiter

UE 34 325

34

UE 34 325

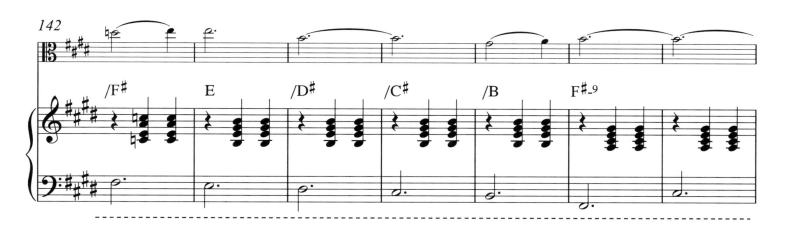

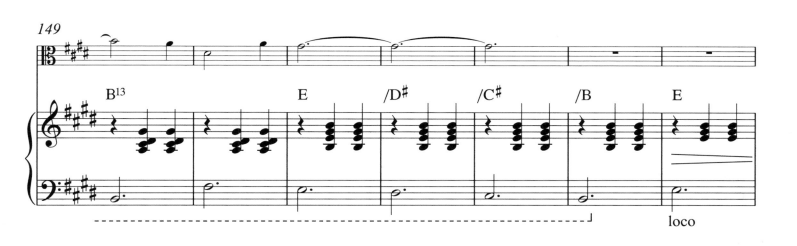

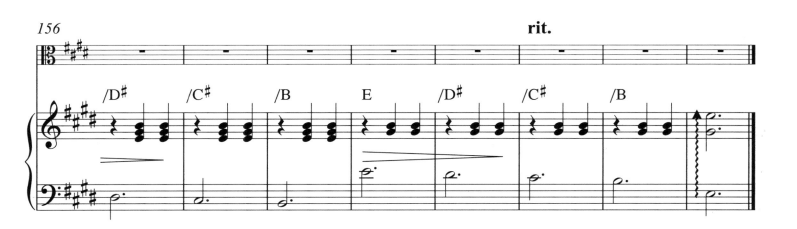

Barbarasong

aus „Die Dreigroschenoper"

Kurt Weill

arr. Martin Reiter

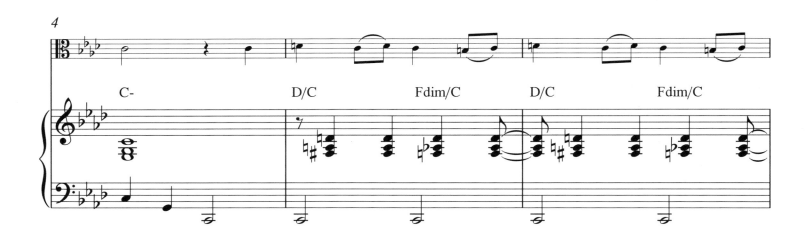

UE 34 325

42

UE 34 325

Fürchte dich nicht
aus „Happy End"

Kurt Weill
arr. Martin Reiter

UE 34 325

Lied der Jenny

aus „Aufstieg und Fall der Stadt Mahagonny"

Kurt Weill
arr. Martin Reiter

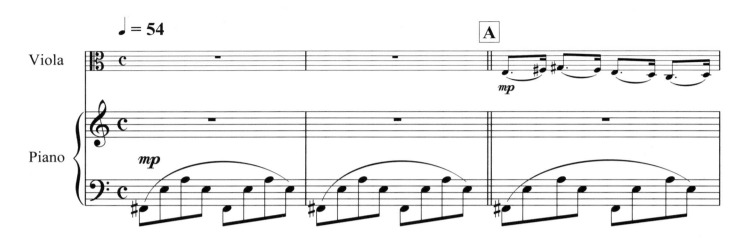

UE 34 325

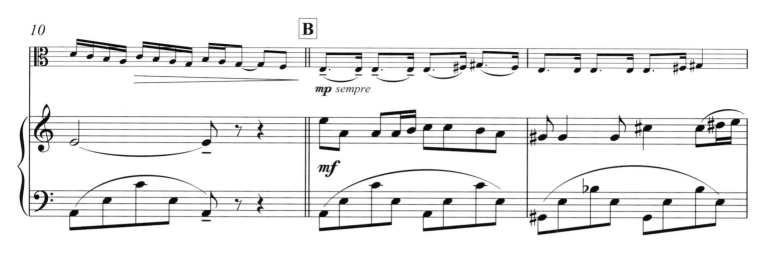

50

In der Jugend gold'nem Schimmer

aus „Happy End"

Kurt Weill
arr. Martin Reiter

UE 34 325

Kurt Weill

DIE DIESEM BAND zugrunde liegenden Werke entstanden in Zusammenarbeit mit Bertolt Brecht, Elisabeth Hauptmann und dem Bühnenbildner Caspar Neher. Diese Kooperation brachte 1928 das Spiel mit Musik *Die Dreigroschenoper* hervor, es folgten 1929 Happy End und 1930 die Oper *Aufstieg und Fall der Stadt Mahagonny*.

Die beteiligten Künstler begeisterten sich an der Entwicklung neuer Gestaltungsformen der Bühne. Es war ein neuer Typus von Mensch, der plötzlich im Mittelpunkt ihrer Werke stand, es ging nicht mehr um die privaten Ideen eines Einzelnen, sondern um größere Zusammenhänge von allgemeiner Gültigkeit. Alle drei Werke halten dem Publikum den Spiegel vor, in dem es sich entdecken kann. Daraus ergibt sich eine noch immer frappierende Aktualität.

In *Mahagonny* herrscht die Sehnsucht nach einem Land ohne Gesetze, in dem man „alles dürfen darf", wo aber letztendlich doch nur der regiert, der auch das Geld hat und bezahlen kann. Ein ähnliches Motto, nämlich „Erst kommt das Fressen, dann kommt die Moral", dominiert *Die Dreigroschenoper*. *Happy End* sieht sich als eine Parodie auf die amerikanischen Gangsterfilme der 1920er Jahre. Die Songs aus diesen Werken inspirierten seit ihrer Entstehung Musiker aller Stilrichtungen.

Kurt Weill wurde 1900 in Dessau als Sohn eines Kantors geboren, ab 1918 lebte er in Berlin. Nach einigen Aufführungen in Berlin und bei internationalen Festivals war Weill neben Paul Hindemith und Ernst Krenek einer der wichtigsten aufstrebenden Komponisten seiner Generation. Bald schon konzentrierte er sich auf das Musiktheater als für ihn interessanteste Musikgattung. 1926 erfuhr seine erste Oper *Der Protagonist* eine viel beachtete Uraufführung, gefolgt von *Royal Palace* (1926) und *Der Zar lässt sich photographieren* (1927).

1928 bedeutete *Die Dreigroschenoper* seinen internationalen Durchbruch. Stücke wie *Die Bürgschaft* (1931) und *Der Silbersee* (1932) waren für die Nationalsozialisten untragbar, gezielte negative Propaganda bewegte Weill 1933 zur Flucht aus Deutschland über Paris in die USA.

Neben zwei Filmmusiken für Hollywood, unter anderem zu Fritz Langs *You and Me* (1938), gab er der Arbeit für den New Yorker Broadway den Vorzug, da diese der Sprache des Berliner Musiktheaters am nächsten war. *Knickerbocker Holiday* war nur mäßig erfolgreich, lieferte aber Weills ersten „American Standard": *September Song*. Der erste Hit am Broadway war *Lady in the Dark*, gefolgt vom vielleicht noch größeren Erfolgsstück *One Touch of Venus* (1943). Im Rahmen der Playwrights Producing Company entstand *Street Scene*, eine Oper, die länger am Broadway gespielt wurde als *Porgy and Bess*. Gemeinsam mit Alan Jay Lerner komponierte Weill *Love Life* (1948).

1950, nach seinem 50. Geburtstag, verstarb Kurt Weill an den Folgen eines Herzinfarkts in New York.

www.kwf.org
www.universaledition.com/weill

THE PIECES in this volume are based on works resulting from Kurt Weill's collaboration with Bertolt Brecht, Elisabeth Hauptmann and the stage designer Caspar Neher. This collaboration produced the musical play *The Threepenny Opera* in 1928, followed in 1929 by *Happy End* and the opera *Rise and Fall of the City of Mahagonny* in 1930.

Weill and his fellow artists were enthusiastic about developing new artistic forms on stage. A new type of person was suddenly at the centre of their works. It was no longer about the private ideas of one individual, but addressed greater, more general concerns. All three works hold a mirror up to the audience in which they can recognise themselves, which means they are still incredibly relevant today.

Mahagonny is dominated by a longing for a country without laws where 'anything goes', but where, ultimately, only those with money can rule. A similar motto, namely, 'a hungry man has no conscience', dominates *The Threepenny Opera*. *Happy End* is a parody of the American gangster films of the 1920s. Since they were written, the songs from these works have inspired musicians of all kinds.

Kurt Weill was born on 2nd March 1900 in Dessau, Germany, the son of a cantor. From 1918, he lived in Berlin and by 1925, after a series of performances there and at international music festivals, he had become established as one of the leading composers of his generation, along with Paul Hindemith and Ernst Krenek. Weill soon decided that musical theatre would be his calling and in 1926 he made a sensational debut with his opera *Der Protagonist*. This was followed by *Royal Palace* and *Der Zar lässt sich photographieren* (1927).

In 1928, *Die Dreigroschenoper* brought his international breakthrough. Pieces such as *Die Bürgschaft* (1931) and *Der Silbersee* (1932) however outraged the Nazis and their carefully orchestrated propaganda against him forced him to flee Germany in 1933, via Paris, and eventually, to the U. S. A.

Weill completed two Hollywood film scores, including Fritz Lang's *You and Me* (1938) but found Broadway to be closer to his heart and to the language of Berlin's Music Theatre. *Knickerbocker Holiday* was only a modest success but it showcased his first American 'standard': *September Song*. Weill's first hit was *Lady in the Dark* followed by an even greater success: *One Touch of Venus* (1943). *Street Scene*, brought to Broadway by the Playwrights Producing Company, had a longer run than *Porgy and Bess*. Next, Weill teamed up with Alan Jay Lerner for the musical: *Love Life* (1948).

In 1950, Kurt Weill died of a heart attack in New York, shortly after his 50th birthday.

www.kwf.org
www.universaledition.com/weill

LES ŒUVRES sur lesquelles se fonde ce recueil sont issues de la collaboration entre Kurt Weill et Bertolt Brecht, Elisabeth Hauptmann et le scénographe Caspar Neher. C'est de leur travail commun qu'est née, en 1928, la pièce chantée *Die Dreigroschenoper*, suivie de *Happy End* en 1929 et de l'opéra *Aufstieg und Fall der Stadt Mahagonny* en 1930.

Weill et ses compagnons étaient passionnés par la recherche de nouvelles formes d'utilisation de la scène. Leurs œuvres jettent soudain la lumière sur un nouveau type d'être humain ; elles ne se concentrent plus sur les idées personnelles d'un seul individu, mais sur des situations plus larges et plus générales. Parce que ces trois pièces tendent au public un miroir dans lequel il peut se reconnaître, elles restent encore aujourd'hui d'une actualité frappante.

Mahagonny est imprégné de la nostalgie d'un pays sans loi, où « tout est permis » – or, n'y règnent au bout du compte que ceux qui ont de l'argent et peuvent payer. *Die Dreigroschenoper* est dominé par une devise comparable : « La bouffe vient d'abord, ensuite la morale ». *Happy End* est une parodie des films de gangsters américains des années 1920. Depuis leur création, les songs figurant dans ces œuvres ont inspiré des musiciens de tous horizons.

Kurt Weill, dont le père était maître de chœur, est né en 1900 à Dessau, en Allemagne. En 1918, il s'installe à Berlin ; après quelques concerts dans cette ville et dans des festivals internationaux, il devient, aux côtés de Paul Hindemith et d'Ernst Krenek, l'un des compositeurs les plus en vue de sa génération. Weill se concentre bientôt sur le style qui l'intéresse le plus : le théâtre musical. En 1926, la création de son premier opéra, *Der Protagonist*, remporte un succès considérable. Suivront *Royal Palace*, en 1926, et *Der Zar lässt sich photographieren*, en 1927.

Die Dreigroschenoper, créé en 1928, vaut à son auteur une renommée internationale. Cependant, le régime nazi au pouvoir en Allemagne ne peut tolérer des pièces telles que *Die Bürgschaft* (1931) et *Der Silbersee* (1932). Cible d'une propagande hostile, Weill prend la fuite en 1933 pour se rendre d'abord à Paris, puis aux États-Unis.

Bien qu'il compose deux musiques de film pour Hollywood, notamment pour *You and Me* de Fritz Lang (1938), Weill donne la priorité à Broadway, dont le langage est le plus proche du théâtre musical berlinois. Malgré un accueil mitigé, la pièce *Knickerbocker Holiday* contient le premier « tube » américain de Weill : *September Song*. Son premier grand succès à Broadway est *Lady in the Dark*, suivi d'un autre succès peut-être plus retentissant encore, *One Touch of Venus* (1943). Devenu membre de la Playwrights Producing Company, une société de production théâtrale, il crée *Street Scene*, un opéra qui restera à l'affiche à Broadway plus longtemps que *Porgy and Bess*. En 1948, il compose *Love Life*, en partenariat avec Alan Jay Lerner.

Kurt Weill est mort en 1950 à New York des suites d'un infarctus, peu après son cinquantième anniversaire.

www.kwf.org
www.universaledition.com/weill

MARTIN REITER – arranger, pianist

Martin Reiter was born in 1978 in Vienna, Austria, and studied jazz piano and instrumental pedagogy in Linz, Vienna, Den Haag and NYC. Since completing his studies in 2006, he has worked as a freelance musician, arranger and composer. His concerts and composing work have allowed him to travel the world – recently, this has been more and more with his own bands and projects. Reiter was awarded the Austrian Young Lions Prize in 2002, the Hans Koller Prize several times, the NYC Scholarship in 2002, the Newcomer Prize in 2005 and the prize for the best CD of the year in 2008, which he received for his second album ALMA.

www.martinreiter.com

MARIO GHEORGHIU – viola

Mario Gheorghiu was born in Vienna, Austria and studied violin and viola at the University of Music and Performing Arts Vienna. He became a violinist with the *Tonkünstler Orchester Niederösterreich* in 2003, and since 2008 has been solo violist with the *Vienna Radio Symphony Orchestra* (RSO). Mario Gheorghiu has made numerous concert and festival appearances as a chamber musician and soloist in Austria and internationally. He frequently performs as a jazz violinist with ensembles including the *Vienna Art Orchestra* and *Mario Gheorghiu's Jazz Corner*.

www.jazz-corner.com

MARTIN REITER – arrangement, piano

Né en 1978 à Vienne (Autriche), Martin Reiter a étudié le piano jazz et la pédagogie musicale à Linz, Vienne, La Haye et New York. Il est musicien, arrangeur et compositeur indépendant depuis la fin de ses études, en 2006. Ses concerts et son travail de composition l'ont déjà amené à voyager dans le monde entier, ces derniers temps de plus en plus dans le cadre de ses propres groupes et de projets personnels. Lauréat du prix de jazz Austrian Young Lions en 2002, Martin Reiter a également reçu plusieurs fois le prix Hans Koller : il décroche la bourse d'études pour New York en 2002, le prix du jeune talent en 2005 et le prix du meilleur CD de l'année 2008 pour son deuxième album, ALMA.

www.martinreiter.com

MARIO GHEORGHIU – alto

Mario Gheorghiu a étudié le violon et l'alto à l'Université de musique et d'art dramatique de Vienne, sa ville natale. Il est violoniste au sein de l'*Orchestre des Tonkünstler de Basse-Autriche* depuis 2003 et alto solo de l'*Orchestre symphonique de la radio autrichienne* depuis 2008. Mario Gheorghiu se produit abondamment, comme soliste et en ensemble de musique de chambre, lors de concerts et de festivals en Autriche et à l'étranger. Il participe aussi régulièrement comme violoniste de jazz à des formations comme le *Vienna Art Orchestra* (entre autres) et a fondé son propre groupe, le *Mario Gheorghiu's Jazz Corner*.

www.jazz-corner.com